Rolf Steininger

Ostpolitik

7. Dezember 1970

Inhaltsverzeichnis

Der Kniefall

Am 7. Dezember 1970 war für 12:00 Uhr in der polnischen Hauptstadt die Unterzeichnung des „Warschauer Vertrages" über die Normalisierung der beiderseitigen Beziehungen durch Bundeskanzler Willy Brandt und dem polnischen Ministerpräsidenten Jósef Cyrankiewicz sowie den Außenministern Walter Scheel und Stefan Jedrychowski vorgesehen. Kurz vor der Zeremonie im Palais des Ministerrates besuchte Willy Brandt das Mahnmal für die Opfer des Warschauer Ghetto-Aufstands im Jahr 1943 und legte einen Kranz nieder. Er ging einen Schritt zurück – und dann geschah es: er sank plötzlich auf die Knie und verharrte etwa eine halbe Minute in dieser Position. „Spiegel"-Redakteur Hermann Schreiber, der Brandt in Warschau begleitete, beschrieb die Szene wenige Tage später so:

„Dann kniet er, der das nicht nötig hat, da für alle, die es nötig haben, aber nicht da knien – weil sie es nicht wagen oder nicht können oder nicht wagen können. Dann bekennt er sich zu einer Schuld, an der er selber nicht zu tragen hat, und bittet um eine Vergebung, derer er selber nicht bedarf. Dann kniet er da für Deutschland."

Über die Frage, ob der Kniefall geplant war, wurde lange spekuliert. In seinen „Erinnerungen" 1989 verneinte Brandt das: „Ich hatte nichts geplant, aber Schloss Wilanow, wo ich untergebracht war, in dem Gefühl verlassen, die Besonderheit des Gedenkens am Ghetto-Monument zum Ausdruck bringen zu müssen. Am Abgrund der deutschen Geschichte und unter der Last der Millionen Ermordeten tat ich, was Menschen tun, wenn die Sprache versagt."

Einer der engsten Vertrauten Brandts, Egon Bahr, meinte dazu im Jahr 2007: „Ich glaube, dass der Kniefall Brandts

Willy-Brandt-Gedenktafel in Warschau.

ein Zeichen oder ein symbolischer Akt dafür war, dass ein Mann, dem man persönliche Schuld nicht zuweisen konnte, sich bewusst war, dass es ein kollektives Vergehen und eine kollektive Schuld der Deutschen an dem Völkermord der Juden gab."

Der damalige Kanzleramtsminister Horst Ehmke äußerte sich im selben Jahr so: „Es war mehr als eine Verbeugung: Der Mann, der selbst von den Nazis verfolgt worden war, entschuldigt sich für das Volk, das mit den Nazis mitgelaufen war. Die Polen wollten, dass er den Kranz am Denkmal des Unbekannten Soldaten niederlegt. Aber er hatte darauf bestanden, den Kranz am Ghetto-Denkmal niederzulegen. Nun ist Antisemitismus ein Teil nicht nur der deutschen, sondern auch der polnischen Geschichte, daher war das den Polen gar nicht so recht. Als ich Willy vom Flugplatz abholte, als er zurückkam aus Warschau, und wir darüber sprachen, sagte er: ,Das konnte ich uns und konnte es auch denen nicht ersparen.' Keiner hatte etwas von der Geste gewusst. Er hat mir gesagt, er selbst habe, als er nach Warschau fuhr, noch nicht gewusst, was er am Ghetto-Denkmal machen würde, angesichts der Millionen ermordeter Juden. Und dann sei ihm diese Demutsgeste eingefallen, mit Worten könne man das nicht ausdrücken. Dann ist klar geworden: Er war vor den Opfern niedergekniet." Zu seiner Frau Rut meinte Brandt später nur: „Irgendetwas musste man tun."

Das Echo in Deutschland auf den „Kniefall von Warschau" war geteilt. Laut einer Blitzumfrage im Dezember 1970 hielten nur 41 % der Befragten ihn für angemessen, 48 % dagegen für übertrieben. Unabhängig davon stand der Kniefall für viele als Versöhnung und als emotionaler Höhepunkt einer – damals höchst umstrittenen – Politik, die als Ostpolitik in die Geschichte eingegangen ist.

Deutsche Gebietesverluste nach 1945 an Polen und an die UdSSR.

Aussöhnung mit Osteuropa und zwei deutsche Staaten

In seiner Regierungserklärung am 28. Oktober 1969 hatte Willy Brandt die Ziele seiner Regierung für eine neue Deutschland- und Ostpolitik formuliert: er akzeptierte Realitäten, um sie zu verändern, die begrenzte Souveränität und die begrenzte Handlungsfähigkeit, um sie auszuweiten und letztlich zu überwinden. Das ging zurück auf ein Konzept, das sein Weggefährte Egon Bahr 1963 auf die griffige Formel „Wandel durch Annäherung" gebracht hatte, das hieß so viel wie „Überwindung des Status quo, indem der Status quo zunächst nicht verändert werden soll." Mit Blick auf Deutschland gehe es darum, so

Wikipedia

Willy-Brandt-Platz in Warschau.

Brandt, „die Einheit der Nation dadurch zu wahren, dass das Verhältnis zwischen den Teilen Deutschlands aus der gegenwärtigen Verkrampfung gelöst wird", und „ein weiteres Auseinanderleben der deutschen Nation zu verhindern, also zu versuchen, über ein geregeltes Nebeneinander zu einem Miteinander zu kommen". Zum ersten Mal hatte er dabei von zwei Staaten in Deutschland gesprochen, die allerdings für einander nicht Ausland seien.

Und mit Blick auf Osteuropa hatte er gesagt: „Das deutsche Volk braucht den Frieden im vollen Sinne dieses Wortes auch mit den Völkern der Sowjetunion und allen Völkern des europäischen Ostens. Zu einem ehrlichen Versuch der Verständigung sind wir bereit, damit die Folgen des Unheils überwunden werden können, das eine verbrecherische Clique über Europa gebracht hat."

12. August 1970: Der Vertrag von Moskau

Der Schlüssel für Erfolg oder Misserfolg dieser Politik lag in Moskau. Das „Leitgespräch mit der Führungsmacht" sei „entscheidend", wie Egon Bahr es formulierte, der die Gespräche mit dem sowjetischen Außenminister Gromyko in Moskau führte. Diese Gespräche waren schwierig, vor allen Dingen zu Beginn; die Atmosphäre war kühl, auf sowjetischer Seite fast feindlich. Letztlich aber war entscheidend, dass die Sowjets zu einer dauerhaften Regelung mit der Bundesrepublik kommen wollten. Sie wollten das, was sie seit Jahren anstrebten, nämlich die vertraglich fixierte Anerkennung ihres nach dem Zweiten Weltkrieg entstandenen mitteleuropäischen Imperiums, mit anderen Worten: die Anerkennung ihrer Kriegsbeute. Im Kern ging es in den Verhandlungen um vier Punkte: Grenzfrage, Anerkennung der DDR, Viermächteverantwortung für Berlin und Deutschland, Wiedervereinigung. Gromyko verlangte die Unveränderbarkeit der Grenzen in Europa einschließlich der Oder-Neiße-Grenze und der Grenze zwischen der Bundesrepublik und der DDR. Bahr gelang es, dass die Grenzen als „unverletzlich" und nicht als „unverrückbar" bezeichnet wurden. Grenzveränderungen oder gar -aufhebungen blieben demnach möglich, falls die Beteiligten damit einverstanden waren.

Am schwierigsten war die sowjetische Forderung nach völkerrechtlicher Anerkennung der DDR durch Bonn. Bahr: „Das war eben nicht akzeptabel. Das war der Kernpunkt." Bonn sicherte allerdings zu, sich dafür einzusetzen, dass beide deutsche Staaten im Laufe der Entspannung Mitglieder der Vereinten Nationen würden. Dadurch würde die DDR volle Gleichberechtigung und völkerrechtlich gültige Verträge mit

Bonn erhalten. Moskau akzeptierte, trotz des heftigen Widerstands von SED-Chef Walter Ulbricht.

Moskau verlangte dann die Aufgabe der Bonner Wiedervereinigungspolitik. Gromyko: „Jede Erwähnung ist für die sowjetische Seite absolut unannehmbar." Bahr bestand darauf, das Recht auf Einheit in den Vertrag zu schreiben. Am Ende einigte man sich auf eine Hilfskonstruktion: Außenminister Walter Scheel schrieb Gromyko später in Moskau einen „Brief zur deutschen Einheit", den die Sowjets entgegennahmen. Er lautete: „Die Bundesregierung stellt fest, dass der zu unterzeichnende Vertrag nicht im Widerspruch steht zu der Absicht der Bundesregierung, auf einen Zustand des Friedens in Europa hinzuwirken, in dem das deutsche Volk in freier Selbstbestimmung die Einheit wiedererlangt." 2007 erinnerte sich Scheel: „Das ist der einzige Brief meines Lebens, den ich auswendig kann."

Nach drei Verhandlungsrunden von insgesamt 55 Stunden war man sich einig. Am 12. August 1970 unterzeichneten Willy Brandt und Walter Scheel den Vertrag in Moskau, der in gewisser Weise einen Schlussstrich unter den Zweiten Weltkrieg zog. Bonn respektierte die seit Kriegsende in Europa entstanden Realitäten. In der Bundesrepublik sprachen damals viele nur vom „Verzicht", während Brandt in einer Fernsehansprache aus Moskau den Deutschen versicherte, dass durch den Vertrag nichts verloren gegangen sei, was nicht bereits verloren gewesen sei.

Am Abend vorher hatte Gromyko Bahr zum ersten Mal zu sich nach Hause eingeladen. Gromykos Frau servierte Blinis, dazu gab es Kaviar. Bahr erinnerte sich 2007: „Plötzlich sagte Gromyko: ‚Ich weiß ja nicht, ob es die deutsche Einheit je geben wird, aber wenn, dann werden Sie morgen den ersten Schritt dahin tun'". Bahr: „Das hat mich elektrisiert. Das war auch ein Stück Weitsicht dieser Russen."

Der Moskauer Vertrag war der erste und entscheidende Schritt für eine Veränderung der gesamten Beziehungen zwischen Bonn, Ost-Berlin, Warschau und Prag. Damit, so Brandt in Moskau, „wird ein neues Blatt in der Geschichte aufgeschlagen". Seine Wirkung musste sich in den kommenden Verhandlungen zeigen.

19. März 1970: Das Treffen von Erfurt

Parallel zu den Verhandlungen in Moskau gab es auf innerdeutscher Ebene ein Ereignis der besonderen Art. Erstmals seit der gescheiterten gesamtdeutschen Ministerpräsidentenkonferenz in München Anfang Juni 1947 begegneten sich wieder deutsche Politiker aus Ost und West: Am 19. März 1970 trafen sich Bundeskanzler Willy Brandt und DDR-Ministerpräsident Willi Stoph in Erfurt. Vier Wochen zuvor hatte Brandt an Stoph geschrieben: „Es erscheint mir an der Zeit, den Versuch zu unternehmen, das Trennende zurückzustellen und das Verbindende zu suchen. Wenn dies gelingt, dann sollte es auch möglich sein, zu vertraglichen Absprachen zu gelangen."

Beim Tagungsort hatte es Probleme gegeben: Brandt wollte nicht in Ost-Berlin verhandeln, ohne auch West-Berlin zu besuchen; dies hatte die DDR-Regierung abgelehnt. Schließlich hatte man sich auf Erfurt geeinigt. In der DDR-Bevölkerung wurden damals Erwartungen geweckt, die nicht eingelöst werden konnten. Aber das sahen die Menschen nicht. Überall winkten sie dem Sonderzug zu, in dem sich die westdeutsche Delegation befand. Auf dem Bahnhofsvorplatz von Erfurt durchbrach die Menge die Absperrungen. Brandt und Stoph gelangten nur mühsam ins Tagungsgebäude, dem Hotel „Erfurter Hof". Und dann hörte man jene „Willy, Willy"-Rufe: man wollte Willy Brandt sehen, nicht Willi Stoph. Um das klarzumachen, wurden die Rufe dann unmissverständlich, nämlich: „Willy Brandt ans Fenster!" Brandt zeigte sich am Hotelfenster und schrieb später in seinen „Erinnerungen": „Ich war bewegt. Doch ich hatte das Geschick dieser Menschen zu bedenken: ich würde anderntags wieder in Bonn sein, sie nicht... So mahnte ich durch eine Bewegung meiner Hände zur Zurückhaltung. Man hat mich verstanden. Die Menge wurde stumm.

Ich wandte mich schweren Herzens ab, mancher meiner Mitarbeiter hatte Tränen in den Augen. Ich fürchtete, hier könnten Hoffnungen wach werden, die sich nicht würden erfüllen lassen. Das durfte nicht sein. So legte ich mir die notwendige Reserve auf."

In den Gesprächen präsentierten beide Seiten ihre grundsätzlichen Positionen; eine Annäherung war nicht zu erkennen. Dennoch meinte Brandt am nächsten Tag, die „Reise nach Erfurt war wichtig, sie war notwendig und sie war nützlich…. Erfurt konnte nur ein Anfang sein, es war ein Anfang." In einer internen SED-Analyse hieß es nach dem Treffen warnend: „Es wächst die Gefahr des Eindringens des Nationalismus in die DDR." Abgrenzung würde Not tun. Alles wurde von der Herstellung diplomatischer Beziehungen zu Bonn abhängig gemacht. Das zweite Treffen in Kassel am 21. Mai konnte unter diesen Umständen nur scheitern.

Bundesarchiv, Bild 183-J0319-0010-002, Horst Sturm
Willy Brandt wird von Willi Stoph 1970 in Erfurt empfangen.

7. Dezember 1970: Der Warschauer Vertrag

Parallel zu den Verhandlungen in Moskau lief seit dem 4. Februar 1970 ein „Meinungsaustausch" zwischen Polen und der Bundesrepublik. Auf polnischer Seite war der stellvertretende Außenminister Joszef Winiewicz federführend, auf bundesdeutscher Seite Staatssekretär Georg Ferdinand Duckwitz. Zu Beginn der Gespräche machte Winiewicz klar, was aus polnischer Sicht „am Anfang und am Ende im Mittelpunkt" der Gespräche stehen müsse: „Die Frage der Anerkennung der polnischen Westgrenze," d. h. die Anerkennung der Oder-Neiße-Grenze.

Warschau bekam am Ende, was es wollte. Im Vertrag wurde die Oder-Neiße-Grenze als „westliche Staatsgrenze der Volksrepublik Polen" bezeichnet und die „Unverletzlichkeit" der bestehenden Grenzen bekräftigt. Gleichzeitig erklärten beide, dass sie gegeneinander „keinerlei Gebietsansprüche haben und solche in Zukunft auch nicht erheben werden". Klar war, dass die Bundesregierung nur für die Bundesrepublik Deutschland sprechen und handeln konnte. Die Polen lehnten es allerdings ab, einen entsprechenden Satz in den Vertrag aufzunehmen. Bonn konnte ihn nur in seinen Noten an die Westmächte unterbringen. Umgekehrt lehnte Bonn es ab, sich auch schon für den Fall von Friedensvertragsverhandlungen bei einer möglichen Wiedervereinigung auf die Beibehaltung der Oder-Neiße-Grenze festzulegen. Das war zwar völkerrechtlich in Ordnung, führte aber dazu, dass in den folgenden Jahren so manch Ewiggestrige immer noch davon sprachen, dass Schlesien „deutsch" sei – und dass es 1990 in den Zwei-plus-Vier-Gesprächen zur Wiedervereinigung wieder eine Debatte über die Oder-Neiße-Grenze gab, die allerdings nur eine Scheindebatte war. Niemand konnte ernsthaft daran glauben, dass diese Grenze noch einmal infrage gestellt werden würde.

Deutschland hatte seine Ostgebiete definitiv verloren. Am 7. Dezember 1970 wurde der Vertrag in Warschau von Brandt und Scheel unterzeichnet. Brandt wandte sich am Abend an die Deutschen. Er sprach von einer „schweren Reise", von „Unrecht", „Vertreibung", die man nicht nachträglich legitimiere; vom Leid derer, die ihre Heimat verlassen mussten; von „Schmerz und der Trauer um das Verlorene". Aber er mahnte auch: „Ein klares Geschichtsbewusstsein duldet keine unerfüllbaren Ansprüche", auch „keine geheimen Vorbehalte", und er folgerte: „Wir müssen... die Moral als politische Kraft erkennen und die Kette des Unrechts durchbrechen." Dies sei keine „Politik des Verzichts", sondern eine „Politik der Vernunft". Zuvor hatte es jenes Bild gegeben, das um die Welt ging und in die Geschichte eingehen sollte: Brandts Kniefall vor dem Warschauer Ghetto-Mahnmal.

Egon Bahr unterrichtete am 9. Dezember die drei westlichen Außenminister. Die Atmosphäre in Warschau sei am Anfang außerordentlich angespannt gewesen, habe sich dann aber bald verbessert: „Innerhalb von 24 Stunden wurde es möglich, ganz offen und normal mit den polnischen Führern zu sprechen, so als ob wir uns schon lange gekannt hätten. Wir hatten eine schwierige Situation befürchtet, und in der Tat ist es ein Besuch voller Emotionen gewesen – auf beiden Seiten. Zum ersten Mal seit dem Krieg ist in Polen die deutsche Nationalhymne gespielt worden. Der Besuch ist für die Deutschen eine sehr bewegende Angelegenheit gewesen. Sie standen alle unter dem Eindruck, dass, anders als etwa ihr Eindruck von den Russen in Moskau, die Polen ‚Europäer' sind."

Im Jahre 2007 erinnerte sich Bahr folgendermaßen an die Situation in Warschau.

„Brandt war sich bewusst, dass der Besuch in Warschau viel schwerer sein würde als der in Moskau. Denn Warschau war mit dem schmerzlichen Eingeständnis verbunden, dass die

Hoffnung auf Rückkehr in die Heimat für viele Menschen, die ihre Heimat verloren hatten, Illusion geworden war. Wir konnten den Krieg nicht nachträglich gewinnen. Kein anderer Staat, auch nicht unsere Verbündeten, haben uns je unterstützt in der Forderung nach Wiederherstellung Deutschlands in den Grenzen des Jahres 1937. Das war insofern sehr schwierig."

Er erwähnte Marion Dönhoff, die aus Ostpreußen stammende Herausgeberin der „ZEIT", die die Ostpolitik unterstützte und von Brandt eingeladen worden war, mit nach Warschau zu kommen. Das hatte sie in einem Brief an ihn abgelehnt: „Ich sehe, es ist richtig und nötig, was Sie da machen. Aber ich will nicht bei dieser Gelegenheit mein Glas Sekt erheben." Bahr: „Es war keinem leichtgefallen."

Bundesregierung, B 145 Bild-00004686, Engelbert Reineke

Nach der Unterzeichnung (v. r.): Der polnische Ministerpräsident Józef Cyrankiewitz, Bundeskanzler Brandt, Georg Ferdinand Duckwitz, Staatssekretär im Auswärtigen Amt, Bundestagsvizepräsident Carlo Schmid, Egon Bahr, Staatssekretär im Kanzleramt, rechts neben Schmid: Henri Nannen, Chefredakteur des „Stern".

Süddeutsche Zeitung Foto, 00413176, Peter Probst

Berlin: Alliierter Grenzübergang Checkpoint Charlie in der Friedrichstraße, 1973.

Süddeutsche Zeitung Foto, 00413181, Peter Probst

Berlin: Grenzübergang Heinrich-Heine-Straße/Prinzenstraße, 1973.

3. September 1971: Das Berlin-Abkommen

Für Willy Brandt und die Vertreter der Ostpolitik war klar, dass die Ostverträge, die in Westdeutschland von der Opposition und großen Teilen der Bevölkerung als Verzichtsverträge betrachtet wurden, von einem sichtbaren Erfolg begleitet sein mussten, um jemals ratifiziert zu werden. Und das konnte nur Berlin sein. Dort berieten die Botschafter der Vier Mächte seit März über eine neue Berlinregelung.

Zwei Tage vor Abreise der deutschen Delegation zur Unterzeichnung des Moskauer Vertrages informierte Egon Bahr den nationalen Sicherheitsberater von US-Präsident Richard Nixon, Henry Kissinger. Man werde in Moskau klarstellen, dass die Bundesregierung die Ratifizierung des Moskauer Vertrages nicht einleiten werde, „bevor nicht eine befriedigende Berlin-Regelung erreicht ist". In Moskau wies dann Brandt gegenüber Sowjetführer Breschnew auf den Zusammenhang Berlinregelung – Ostverträge hin. Breschnews Antwort: „Eine annehmbare Lösung ist möglich."

In der 34. Sitzung der alliierten Botschafter wurde nach 18 Monaten Verhandlungen das Berlin-Abkommen am 3. September 1971 um 13.03 Uhr im ehemaligen Kontrollratsgebäude in Berlin unterzeichnet. Bonn hatte zuvor auf einen deutschen Text beharrt, der in Gesprächen mit der DDR nur mühsam zustande gekommen war. Bis zuletzt bestand die DDR zum Beispiel bei der Übersetzung des englischen Wortes „ties" auf „Verbindungen", nach Bonner Verständnis hieß das aber „Bindungen". Zweieinhalb Stunden vor Unterzeichnung gab die DDR nach, nachdem US-Botschafter Kenneth Rush unmissverständlich klargemacht hatte, dass er erst unterzeichnen werde, wenn es einen gemeinsamen deutschen Text gebe. In dem Zusammenhang war interessant, dass die Sowjets zunächst überhaupt keinen deutschen Text haben wollten, und die Franzosen damit vollkommen einverstanden waren. Hier war es Rush, der sich durchsetzte, in Absprache mit Brandt, der sehr genau wusste, dass es ein Desaster für ihn gewesen wäre, keinen deutschsprachigen Text des Berlin-Abkommens vorweisen zu können.

Egon Bahr charakterisierte den Vertrag 2007 so: „Ein ungeheuer großer Erfolg. Wir wussten, was wir wollten. Die Großmächte wollten gar nichts im Prinzip. Die Amis hatten Angst, es kommt nur was Schlechtes raus, wenn wir eine neue Regelung für Berlin treffen. Die Russen wollten, dass der Moskauer Vertrag nicht blockiert wird. Aber alle vier Mächte waren zufrieden mit den Verträgen, weil alle glaubten, die Deutschen fänden sich endlich mit der Teilung ab, der Status quo hätte nun die deutsche Zustimmung."

Bundesregierung, B 145 Bild-F034765-0029, Ludwig Wegmann

Bundeskanzler Willy Brandt mit Leonid Breschnew (links) und Egon Bahr (rechts) anlässlich seines Besuches in Oreanda/Krim (UdSSR) vom 16.–18. September 1971.

Das Abkommen selbst war, wie Rush zu Recht meinte, „besser als wir es uns je hätten erhoffen können". In wichtigen Bereichen hatten die Sowjets in der Tat nachgegeben. Es würde keine Berlinkrise mehr geben. Der Moskauer Vertrag war für die Sowjets nicht zum Nulltarif zu bekommen. Wie wichtig er für sie war, wurde beim Besuch Brandts bei Breschnew am 18. September in Oreanda deutlich. Auf der Rückfahrt nach Simferopol fragte Breschnew Brandt „ganz persönlich", „ob der Vertrag auch wirklich ratifiziert werden würde [...] Dies sei für ihn wichtig, denn im Falle des Scheiterns gebe es einen Rückschlag, der Jahrzehnte dauern könnte."

14 Tage später, am 30. September 1971, kam es zu ersten deutsch-deutschen Vereinbarungen. In Übereinstimmung mit dem Berlin-Abkommen unterzeichneten die beiden Postminister ein Protokoll, in dem auch West-Berlin betreffende Regelungen enthalten waren. Erstmals seit 19 Jahren konnten Ost-und Westberliner wieder miteinander telefonieren, nachdem schon im Januar 1971 die ersten fünf Leitungen geschaltet worden waren. Mit dem Berlin-Abkommen waren auch die Voraussetzungen für den Beginn intensiver Verhandlungen zwischen den beiden deutschen Staaten über die Regelung des Transitverkehrs zwischen Berlin und dem Bundesgebiet gegeben. Parallel dazu handelte der Senat von Berlin mit der DDR ein Abkommen über eine Besuchsregelung für Westberliner und einen Gebietsaustausch aus.

Mitten in diese Verhandlungen kam die Meldung, dass Willy Brandt der Friedensnobelpreis zuerkannt worden war. Die Verkündung im Bundestag stieß nicht bei allen Abgeordneten auf Begeisterung.

Das von Egon Bahr und dem DDR-Staatssekretär Michael Kohl ausgearbeitete Transitabkommen wurde am 7. Dezember, die Vereinbarung zwischen dem Berliner Senat und der Regierung der DDR am 20. Dezember 1971 unterzeichnet. Für die Weiterentwicklung im Ost-West-Verhältnis hing mehr denn je alles von der Ratifizierung der Ostverträge ab.

Der Bevollmächtigte der Bundesregierung für Berlin, Egon Bahr (vorne rechts) und der Staatssekretär beim DDR-Ministerrat, Dr. Michael Kohl (vorne links), tauschen die Urkunden des Transitabkommens.

Washington und die Ostpolitik

Die Ostpolitik der Brandt-Scheel-Regierung war eingebettet in die bis dahin betriebene Bonner Westpolitik; nur auf diesem sicheren Fundament war sie überhaupt möglich. US-Präsident Richard Nixon und dessen Sicherheitsberater Henry Kissinger hatten massive Vorbehalte gegen Brandt (und Egon Bahr).

Für Kissinger war Brandt ein Visionär, mit dem er als Realpolitiker nichts anfangen konnte. Er befürchtete, dass dessen Ostpolitik zu einer neuen Form des deutschen Nationalismus führen und Deutschland versuchen könnte, zwischen Ost und West zu lavieren. Er fürchtete auch, wie er 40 Jahre später im Interview deutlich machte, dass dies eine enorme Unsicherheit schaffen könnte, „und in gewisser Hinsicht hat sich diese Befürchtung auch bewahrheitet". Angesichts der geografischen Lage Deutschlands müssten deutsche Politiker fast zwangsläufig in ihren Überlegungen Interessen des Ostens und des Westens gegeneinander abwägen und einbeziehen: „Und manchmal ist man geneigt, dies weiterzuentwickeln und auszunutzen – ich dachte jedenfalls, dass dies langfristig eine Gefahr sein könnte."

Nixon und Kissinger konnten Brandt und Bahr nicht ausstehen. Schöne Tischreden konnten darüber nicht hinwegtäuschen. Persönliche Eitelkeit und das Bewusstsein, Vertreter einer Weltmacht zu sein, spielten dabei sowohl bei Nixon wie auch bei Kissinger eine herausragende Rolle. Die von Kissinger in seinen „Erinnerungen" gegebene Begründung der angeblichen Gefährlichkeit der Ostpolitik lässt sich daher vielleicht auf einen Satz von ihm zu Staatssekretär Paul Frank Anfang 1970 reduzieren: „Eines will ich Ihnen sagen, wenn schon Entspannungspolitik mit der Sowjetunion gemacht werden soll, dann machen *wir* sie!"[Hervorhebung im Original]

In seinen „Erinnerungen" schreibt Kissinger zusammenfassend über den Moskauer Vertrag: „Die Bundesrepublik hatte ihren Rubikon überschritten; sie hatte die Teilung Deutschlands anerkannt und den Status quo in Mitteleuropa besiegelt." In einem Memorandum für Nixon nannte er den Moskauer Vertrag am 1. September einen „Meilenstein in der Ostpolitik der Regierung Brandt". Es sei der erste bedeutende Schritt zwischen den beiden Ländern seit Aufnahme der diplomatischen Beziehungen im Jahr 1955. Und in mancher Hinsicht würden auch den Moskauer Vertrag Euphorie und Besorgnis begleiten, genauso wie jener Schritt im Jahre 1955, den Bundeskanzler Adenauer bei seinem Besuch in Moskau im September 1955 tat. Die Bemühungen der Regierung Brandt, diesen Vertrag mit den Sowjets abzuschließen – „vielleicht eine Sisyphosarbeit –, ging von der Prämisse aus, dass nur durch die Versöhnung mit Russland die Bundesrepublik auf ein neues Verhältnis mit Osteuropa hoffen und – viel wichtiger – das Leid im geteilten Deutschland verringern kann." Wenig später meinte er intern, die ganze Ostpolitik sei ein Desaster. („Ost-Politik which I think is a disaster.")

Als Brandt und Scheel den Vertrag in Warschau unterzeichneten, empfing Nixon im Weißen Haus die „Weisen Männer": John McCloy, ehemaliger Hochkommissar in Deutschland, Thomas E. Dewey, ehemals republikanischer Gouverneur von New York, Lucius D. Clay, ehemals Militärgouverneur in Deutschland, und Dean Acheson, ehemaliger Außenminister. Aus ihrer Sicht lief in der Ostpolitik alles falsch. McCloy wies darauf hin, dass der Einfluss der USA in den letzten 15 Jahren immer schwächer geworden sei. Mit Blick auf die Bundesrepublik meinte er, dass Westdeutschland früher vornehmlich von Leuten aus dem Rheinland, jetzt von Ostdeutschen regiert werde, die mit Moskau liebäugelten. Clay äußerte sein Misstrauen gegenüber Brandt und der gesamten Führungsgruppe in der Bundesrepublik. Die Dinge wurden fast zu einem Skandal, als Acheson seine Meinung zu Brandt und dessen Außenpolitik gegenüber einigen Reportern zum Besten gab. In der

„Washington Post" konnte man am 10. Dezember lesen, dass Acheson Nixon gedrängt hatte, etwas zu tun, um „das Wettrennen nach Moskau zu verlangsamen".

Die Ostpolitik hatte allerdings inzwischen eine solche Dynamik entwickelt, dass Washington kaum noch eingreifen konnte. Der einzige Hebel blieb Berlin bzw. der Zusammenhang zwischen einer Berlinregelung und den für Moskau besonders wichtigen Ostverträgen: ohne Berlinregelung keine Ostverträge. Und Washington setzte diesen Hebel auch noch für andere Zwecke ein – als es um Vietnam und um die Begrenzung der strategischen Waffen (Strategic Arms Limitation Talks– SALT) ging.

Kissinger formulierte das später so: „Jetzt waren wir das entscheidende Element, obwohl weder Moskau noch die Bundesrepublik dies während der folgenden fünf Monate wirklich begriffen." Die Verknüpfung mit Berlin war „unsere Trumpfkarte".

In seinen „Erinnerungen" stellt Kissinger diesen Zusammenhang zwischen Berlin-Abkommen und Ostpolitik sehr deutlich dar: „Einerseits konnten wir nur dann eine Verbesserung des Zugangs zu Berlin bewirken und die Ostpolitik in einen multilateralen Rahmen stellen, wenn wir darauf gefasst waren, lange zu warten, falls die Verhandlungen ins Stocken gerieten. Erst dann würden die Sowjets begreifen, dass sie ein Berlin-Abkommen dringender brauchten als wir. Das war uns in gewissem Maße bereits gelungen. Andererseits konnte eine lange Verzögerung, bei der die Hoffnungen auf eine Lösung immer mehr dahinschwanden, die Beziehungen zwischen den Vereinigten Staaten und Deutschland erheblich schädigen, wenn wir uns nicht sehr geschickt verhielten. Es war möglich, dass wir zum Prügelknaben wurden und Brandt uns beschuldigte, seine Politik zu blockieren, während seine Gegner uns vorwarfen, ihm erlaubt zu haben, den Sowjets zu weit entgegenzukommen. Kam es dann zu einer neuen Berlin-Krise, würde man uns die Schuld zuschieben."

Am 15. Juni 1971 gab es ein weiteres Treffen zwischen Brandt und Nixon im Weißen Haus. Das Vorgespräch mit

Süddeutsche Zeitung Photo 00317819, Fritz Neuwirth

Demonstration für die Ostverträge in München, 1972.

ap/dpa/picture alliance/Süddeutsche Zeitung Photo 00317817

Demonstration gegen die Ostverträge in München, 1971.

Botschafter Rush am Tag davor erlaubt einen interessanten Einblick in das Denken von Nixon mit Bezug auf Berlin. Nixon wurde da sehr deutlich. Berlin sei nur Teil eines Spiels auf der allerhöchsten Ebene mit den Sowjets, einschließlich SALT. Er wolle nicht in Einzelheiten gehen, denn „ich kenne die Berliner überhaupt nicht". Und an anderer Stelle wies er auf die Zusammenhänge zwischen Berlin-Regelung und anderen Fragen hin. Die Sowjets seien zwar immer geradezu pathologisch bei diesen Überlegungen, aber beide Seiten wüssten, „alles ist miteinander verbunden. Berlin ist etwas, was sie unbedingt von uns haben wollen, tausendmal mehr als das, was wir von ihnen wollen. Dafür werden sie zahlen müssen. Und das ist genau das, was wir versuchen werden." Als Rush darauf hinwies, dass der französische Botschafter Sauvagnargues bereit gewesen sei, West-Berlin als dritten deutschen Staat anzuerkennen, meinte Kissinger, das sei ja genau das, was die Sowjets wollten, während Nixon mit Nachdruck erklärte: „Für mich ist das etwas, was wir nie, niemals anerkennen werden." Im gleichen Atemzug meinte er, Berlin sei nicht wichtig („not important"). Kissinger bestätigte das, um dann klarzumachen, worum es bei der Frage um Berlin auch ging: Eine Regelung sei die Voraussetzung für das für Mai 1972 vorgesehene Gipfeltreffen in Moskau. („No, no, but this guarentees the summit.")

Willy Brandt und Richard Nixon vor dem Weißen Haus, 4. Oktober 1970.

v. l. n. r. Egon Bahr, Walter Scheel, Willy Brandt, Richard Nixon, US-Außenminister William Rogers und Henry Kissinger, 5. Februar 1973 im Weißen Haus.

17. Mai 1972: Die Ratifizierung der Ostverträge

Die Bundesregierung hatte mit den Ostverträgen in atemberaubender Geschwindigkeit Fakten gesetzt. Nun schlug die Stunde der Opposition, denn diese Verträge standen zur Ratifikation an. Und da ging die CDU/ CSU-Opposition im Bundestag zum Generalangriff über und beantragte ein konstruktives Misstrauensvotum gegen den Bundeskanzler. Zum ersten Mal in der Geschichte der Bundesrepublik griff eine Opposition zu diesem Mittel. Der CDU-Vorsitzende Rainer Barzel sollte neuer Bundeskanzler werden. Klaus von Dohnanyi, von 1972 – 1974 Minister im Kabinett Brandt, erinnerte sich 2007: „Das waren furchtbare Tage und Nächte, wie langsam die Mehrheit bröckelte und immer mehr Kollegen aus der FDP sich irgendwie entfernten und unsere Mehrheit schrumpfte. Und dann dieses konstruktive Misstrauensvotum. Das waren dramatische Zeiten. Und dann dieser mutige Walter Scheel."

Der erzählte im selben Jahr: „Ich kam morgens aus meiner Fraktion und hatte dort gesagt, dass wir selbstverständlich wohl dagegen stimmen würden. Das war für mich ein fürchterlicher Schock. Mit diesem Schock bin ich runtergegangen in die Sitzung. Es ist das einzige Mal, dass ich eine Rede gehalten habe, die bitter geklungen hat. Es war mir so. Nachher hat Rainer Barzel, ein Freund von mir, gesagt, die Rede wäre die beste gewesen, die er je von mir gehört hätte. Aber sie war bitter."

Am 27. April scheiterte das Misstrauensvotum. Statt der erforderlichen absoluten Mehrheit von 249 Stimmen erhielt Barzel nur 247. Die zwei fehlenden Stimmen stammten von CDU-Abgeordneten, die die Stasi gekauft hatte, wie später bekannt wurde.

Am 28. April scheiterte im Bundestag dann der Etat des Bundeskanzlers. Mit 247 zu 247 gab es Stimmengleichheit. Wie Barzel hatte auch Brandt keine Mehrheit des Bundestages. Es war eine Pattstellung eingetreten. Für die Ratifizierung der Ostverträge brauchte die Regierung jetzt die Opposition. Und jetzt kamen Washington und Moskau erneut ins Spiel.

Am 30. März 1972 hatte Nordvietnam seine groß angelegte Osteroffensive gegen die süd-vietnamesische Armee begonnen, was zu einer massiven amerikanischen Gegenreaktion geführt hatte. Nixon zu Kissinger: „So wie sie diesmal bombardiert werden, sind diese Bastarde noch nie bombardiert worden." Es folgten die bis dahin schwersten B-52-Angriffe. Hanoi und Haiphong wurden rund um die Uhr bombardiert, die nordvietnamesischen Küstengewässer vermint – ohne Rücksicht auf den Verbündeten Nordvietnams, der Sowjetunion. Kissinger war überzeugt davon, dass die Sowjets das für Mai in Moskau geplante Gipfeltreffen nicht absagen würden, denn so, meinte er zu Nixon: „ Die brauchen Sie jetzt wegen der Ratifizierung."

Am 20. April war Kissinger zu einem geheimen Treffen in Moskau, begleitet vom sowjetischen Botschafter in Washington, Dobrynin. Das Treffen war so geheim, dass selbst der amerikanische Botschafter in Moskau nichts davon erfuhr. Die Gespräche zwischen Kissinger und Breschnew machten dann zwei Dinge deutlich: erstens die große Bedeutung, die die Ostverträge für die Sowjetführung hatten, und zweitens, dass die amerikanischen Maßnahmen in Vietnam das Gipfeltreffen nicht gefährden würden. Mindestens so wichtig war die Erkenntnis, dass Breschnew offensichtlich auf amerikanische Intervention in Bonn hoffte, um so die Ratifizierung zu sichern.

Zurück in Washington meinte Kissinger zu Nixon, die Lage in Bonn „gibt uns Spielraum. Ich habe mich nicht verpflichtet, den Sowjets irgendwie zu helfen, sondern im Gegenteil, wir haben nichts unternommen wegen der Offensive der Nordvietnamesen. Wir werden ihnen nicht helfen in dieser Angelegenheit, solange sie uns nicht in Vietnam helfen." In seinen

„Erinnerungen" schreibt Kissinger: „Dass die Sowjets sich so eifrig bemühten, diese Verträge unter Dach und Fach zu bringen, war für uns besonders vorteilhaft für den Fall, dass sich die Lage in Vietnam in den kommenden Wochen zu einer Krise auswuchs. Aus unserer Perspektive war es am günstigsten, wenn sich die Ratifizierung der Ostverträge noch eine Zeit lang verzögerte."

Klar war aber auch, so Kissinger am 27. April zu Nixon, unmittelbar vor dem konstruktiven Misstrauensvotum im Bundestag, dass „Breschnew erledigt sein wird, wenn die Verträge nicht ratifiziert werden, wir aber auch Probleme bekommen werden". Von daher hielt er ein politisches Überleben Brandts für besser, „denn wenn er gestürzt wird, werden die Verträge möglicherweise nicht ratifiziert" – mit den zuvor genannten Konsequenzen.

Am 9. Mai fragte Nixon daher Kissinger, ob er nicht irgendetwas tun könne mit Blick auf die Ratifizierung, auch wenn ihm, wie er an derer Stelle einmal meinte, „jede nicht-sozialistische Regierung besser wäre als die sozial-liberale". Kissinger konnte. Am nächsten Tag teilte er Dobrynin mit, dass in Bonn eine gemeinsame Entschließung ausgearbeitet worden sei „und wir Barzel gedrängt haben, sie zu akzeptieren, und wir zeigen sie jetzt [dem sowjetischen Botschafter in Bonn] Falin. Und ich gehe davon aus, dass sie akzeptiert wird." Dobrynin: „Dass sie akzeptiert wird. Ok. Ich sehe das. Ok. Dankeschön." Kissinger konnte es sich nicht verkneifen, noch darauf hinzuweisen, dass „wir zumindest in Gebieten außerhalb Südostasiens immer noch Geschäfte miteinander machen können".

In der „gemeinsamen Entschließung" aller Bundestagsfraktionen hatte es u. a. geheißen: „Die Verträge nehmen eine friedensvertragliche Regelung für Deutschland nicht vorweg und schaffen keine Rechtsgrundlage für heute bestehende Grenzen." Und weiter: „Das unveräußerliche Recht auf Selbstbestimmung wird durch die Verträge nicht berührt." Barzel hatte der Entschließung zugestimmt.

Die Entschließung wurde zwar vom Bundestag mit überwältigender Mehrheit – 491 Ja-Stimmen bei fünf

Enthaltungen – angenommen, Barzel gelang es allerdings nicht, die CDU/CSU-Fraktion für eine Zustimmung zu den Ostverträgen zu gewinnen, nachdem die CSU-Landesgruppe in Bonn beschlossen hatte, die Verträge abzulehnen. Übrig blieb die Enthaltung der Fraktion. Am 17. Mai passierten die Ostverträge den Bundestag – mit jeweils 248 Abgeordneten aus der SPD und FDP.

Für Kissinger war mit der Ratifizierung klar, dass die Sowjets das Gipfeltreffen nicht mehr absagen würden. Sollten sie es dennoch tun, so Nixon, „würden sie ein verdammt gefährliches Spiel spielen". Sie taten es bekanntlich nicht. Als der Bundesrat den Ratifizierungsgesetzen am 19. Mai 1972 zustimmte, hieß es in einer Stellungnahme des State Department, damit sei jetzt auch der Weg frei für das Berlin-Abkommen. Am 23. Mai 1972, an dem Tag, an dem Nixon in Moskau eintraf, fertigte Bundespräsident Gustav Heinemann die Ratifikationsurkunden für die Verträge mit Moskau und Warschau aus, die am 3. Juni 1972 in Bonn mit der Sowjetunion und Polen ausgetauscht wurden. Erst an diesem 3. Juni unterschrieben die Vier Mächte dann in Berlin das Viermächteabkommen, nachdem die Amerikaner aus Moskau (!) dazu grünes Licht gegeben hatten.

Grundlagenvertrag, Neuwahlen, BRD und DDR in der UNO, Vertrag mit Prag

Die Pattsituation im Bundestag erforderte Neuwahlen. Die Vertrauensabstimmung am 20. September 1972 machte den Weg frei für diese Wahlen, die am 19. November stattfinden sollten. Mit diesem Termin vor Augen verhandelten Egon Bahr und sein DDR-Kollege Michael Kohl seit Ende Mai über „Grundlagen der Beziehungen" zwischen der DDR und der Bundesrepublik. Bonn gab den Alleinvertretungsanspruch definitiv auf und gewährte der DDR Gleichberechtigung. Deren Regierung wurde als solche anerkannt, der DDR ihr Staatscharakter unzweideutig bestätigt. Aber: Die DDR wurde von Bonn nicht völkerrechtlich anerkannt, genauso wenig wie eine DDR-Staatsbürgerschaft. Die Botschaften nannte man „Ständige Vertretungen". Es sollten Abkommen abgeschlossen werden, um die Zusammenarbeit auf den Gebieten Wirtschaft, Wissenschaft und Technik, Verkehr, Rechtsverkehr, Post und Fernmeldewesen etc. zu entwickeln und zu fördern. Sichtbarer Erfolg für Bonn war der „kleine Grenzverkehr" etwa 6 Millionen Bewohner der grenznahen Kreise der Bundesrepublik konnten die angrenzenden Gebiete auf DDR Seite besuchen; dafür wurden vier neue Grenzübergänge geöffnet. Gegenbesuche von Ost nach West waren natürlich nicht erlaubt. Als Bahr vorschlug, den Vertrag noch vor den Wahlen zu paraphieren, stimmte die DDR zu.

Bei den vorgezogenen Bundestagswahlen errangen SPD und FDP einen unerwartet großen Erfolg. Die SPD wurde mit 45,8 % erstmals in der Geschichte der Bundesrepublik stärkste Fraktion. Der Wahlsieg galt als persönlicher Erfolg von Willy Brandt. Vier Wochen später, am 21. Dezember 1972, unterzeichneten dann Egon Bahr und Michael Kohl in Ost-Berlin den Grundlagenvertrag, der der DDR den Weg zur internationalen Anerkennung öffnete. Sichtbarer Ausdruck der neuen Lage war am 18. September 1973 die gleichzeitige Aufnahme beider deutscher Staaten in die UNO. In seiner Einführungsrede vor der UNO-Vollversammlung erklärte Außenminister Scheel zum Abschluss: „Die Bundesrepublik Deutschland wird weiter auf einen Zustand des Friedens in Europa hinwirken, in dem das deutsche Volk seine Einheit in freier Selbstbestimmung wiedererlangt."

Genau daran glaubte damals wohl niemand mehr im Ausland – und in den folgenden Jahren wohl auch immer weniger in Deutschland. Von vielen wurde der Grundlagenvertrag mit der vollen Anerkennung der DDR in der Tat als Teilungsvertrag gesehen.

Drei Monate später regelte Bonn auch das Verhältnis zur Tschechoslowakei. Man vereinbarte einen Gewaltverzicht, bekräftigte die Unverletzlichkeit der gemeinsamen Grenzen, erhob keinerlei Gebietsansprüche und wollte die Zusammenarbeit ausbauen. Am 11. Dezember 1973 wurde der Vertrag unterzeichnet, am 19. Juli 1974 trat er in Kraft. Zu diesem Zeitpunkt gab es keinen Bundeskanzler Brandt und keinen Außenminister Scheel mehr. Sie hatten ihre Mission erfüllt: Brandt war im Zusammenhang mit der Guillaume-Spionageaffäre zurückgetreten, Scheel Bundespräsident geworden.

Fazit

Am 7. September 1972 meinte Erich Honecker einmal zu Egon Bahr, er nehme nicht an, dass er, Bahr, an eine Wiedervereinigung glaube: „Beide Staaten begehen bald ihren 23. Jahrestag. Die DDR wird auch weitere 23 Jahre existieren"– womit er sich bekanntlich irren sollte. Hat Bahr damals an die Wiedervereinigung geglaubt? War dies möglicherweise der einzige Sinn und Zweck der Ostpolitik? Interessant ist, dass es kaum zeitgenössische, sondern fast immer nur Äußerungen dazu nach der Wiedervereinigung gibt.

Wem gebührt dann das größere Verdienst an der Wiedervereinigung? Adenauer oder Brandt? Es ist kaum anzunehmen,

ap/dpa/picture alliance/Süddeutsche Zeitung Photo 00317971

Ständige Vertretung der BRD in Ost-Berlin, 1984.

STÄNDIGE VERTRETUNG
DER
DEUTSCHEN
DEMOKRATISCHEN
REPUBLIK

Ständige Vertretung der DDR in der Bundesrepublik, 1978.

dass Adenauers Westpolitik *allein* zur Wiedervereinigung geführt hätte. Wollten Brandt und Bahr die Wiedervereinigung? Oder war ihre Ostpolitik lediglich die, wie es die SED intern formulierte, „Fortsetzung der CDU/CSU-Politik mit anderen Mitteln", auf lange Sicht eine „ Aggression auf Filzlatschen", wie der DDR- Außenminister Otto Winzer damals befürchtete?

Egon Bahr meinte 2007 mit Blick auf die Ostverträge: „ Alle vier Mächte waren zufrieden mit den Verträgen, weil alle glaubten, die Deutschen fänden sich endlich mit der Teilung ab. Der Status quo hätte nun die deutsche Zustimmung. Das war umgekehrt die Befürchtung der damaligen Opposition, dass es das Ende der Fahnenstange zur deutschen Einheit sei." Und dann ganz dezidiert: „Nur die damaligen Koalitionäre hatten die Hoffnung, dass es der Beginn eines Prozesses war, an dessen Ende die deutsche Einheit stehen würde." Und zum Grundlagenvertrag: er habe einen Zustand erreichen wollen, in dem die Beziehungen zwischen der DDR und der Bundesrepublik in allen Grundsatzfragen so geregelt würden, „dass sie bis zur Einheit hielten".

Der ehemalige Bundespräsident Richard von Weizsäcker (CDU) ging 2000 noch einen Schritt weiter. Mit den Ostverträgen habe sich am Horizont in ersten Umrissen die Perspektive für ein neues gemeinsames Europa abgezeichnet. „Nun konnte die Konferenz für Sicherheit und Zusammenarbeit in Europa 1975 nach Helsinki einberufen werden. Sie wurde zum Kernstück der Ost-und Entspannungspolitik." Klaus von Dohnanyi ist da etwas zurückhaltender. Auf die Frage, ob die Philosophie der kleinen Schritte letztlich auch zur Wiedervereinigung beigetragen habe, antwortete er 2007:

„Das glaube ich weniger. Ich glaube, dass alles zusammenwirkte. Ich denke, dass wir ohne die Festigkeit Adenauers und die Westintegration möglicherweise gar nicht die Möglichkeit gehabt hätten, eine solche Ausstrahlung auszuüben, ein brüchiges Europa, eine brüchige westliche Allianz hätten wahrscheinlich nicht diese dauerhafte Ausstrahlung auf den Osten gehabt.... In Wahrheit sind die ganzen kommunistischen

Systeme am Widerspruch zwischen einer erkennbaren Wirklichkeit und der behaupteten Wirklichkeit durch die Machthaber zerbrochen, also am Freiheitswillen, insbesondere der Deutschen. Der Widerspruch war auf Dauer nicht mehr aufrechtzuerhalten. Deswegen wollten die Leute in den Westen, weil sie zu oft gehört und gesehen hatten, dass der Westen nicht so ist, wie über ihn geredet wurde. Deswegen glaube ich, war es weniger die Ostpolitik. Aber sie war auch nicht hinderlich, sie war förderlich."

Und was bleibt von Brandts „Kniefall in Warschau"? Das Bild ging damals millionenfach um die Welt und ist in die Geschichte eingegangen. Es wurde gleichsam zu einer Ikone und hat bis heute nichts von seiner Gültigkeit mit Blick auf die deutsche Geschichte verloren. Der Grund dafür liegt in dem, was Willy Brandt dazu 1976 gesagt hatte, nämlich: „Unter der Last der jüngsten deutschen Geschichte tat ich, was Menschen tun, wenn die Worte versagen: so gedachte ich der Millionen Ermordeter. Wer mich verstehen wollte, konnte mich verstehen; und viele in Deutschland und anderswo haben mich verstanden."

Literatur

Alexander Behrens (Hrsg.): Durfte Brandt knien? Der Kniefall in Warschau und der deutsch-polnische Vertrag. Eine Dokumentation der Meinungen, Bonn 2010.

Peter Bender, Die „neue Ostpolitik" und ihre Folgen. Vom Mauerbau bis zur Vereinigung, München 1995.

Thomas Brechenmacher / Michael Wolffsohn: Denkmalsturz? Brandts Kniefall, München 2005.

Gregor Schöllgen, Willy Brandt. Die Biografie, Berlin/München 2001.

Heribert Schwan/Rolf Steininger, Die Bonner Republik 1949–1998, Berlin 2009 (Begleitbuch zur gleichnamigen ARD-Fernsehserie; mit den im Text erwähnten Interviews).

Rolf Steininger, Von der Teilung zur Einheit. Deutschland 1945-1990. Ein Lesebuch, Innsbruck 2020.

Rolf Steininger, Deutschland und die USA. Vom Zweiten Weltkrieg bis zur Gegenwart, Reinbeck/München 2014.

Dokumente

Akten zur Auswärtigen Politik der Bundesrepublik Deutschland, Bd. 1970 bis 1973, München 2001–2004.

Dokumente zur Deutschlandpolitik, VI. Reihe, Bd. 1–4, München 2002.

Foreign Relations of the United States, 1969–1976, Vol. XL, Germany and Berlin, 1969–1972, Washington 2008.

Heinrich Potthoff (Hrsg.), Bonn und Ost–Berlin 1969–1982, Bonn 1997.

Soviet-American Relations: The Détente Years, 1969–1972, ed. by Edward C. Keefer, David C. Geyer, Douglas E. Selvage, Department of State Publication, United States Government Printing Office, Washington, D. C., 2010.

Willy Brandt. Berliner Ausgabe, hrsg. von Helga Grebing, Gregor Schöllgen u. Heinrich August Winkler; Bd. 6: Ein Volk der guten Nachbarn. Außen- und Deutschlandpolitik 1966–1974, bearb. von Frank Fischer, Bonn 2005.

Fernsehdokumentation

Die Bonner Republik, Teil 3: 1969–1974: Sozial-liberale Koalition Brandt-Scheel, Dieter Weiss/Rolf Steininger/Heribert Schwan, WDR und Phönix 2009, 45 Min.; abrufbar unter www.rolfsteininger.at